KÜRBIS KÜRBIS

von Noa Straumann

Bibliografische Information der Deutschen Nationalbibliothek:
Die Deutsche Nationalbibliothek verzeichnet diese Publikation in der Deutschen Nationalbibliografie; detaillierte bibliografische Daten sind im Internet über http://dnb.dnb.de abrufbar.

© 2016 Noa Straumann
©Illustrationen: Noa Straumann

Herstellung und Verlag:
BoD – Books on Demand, Norderstedt
ISBN 978-3-7392-4794-6

INHALT

KÜRBIS KÜRBIS IST EINE GESCHICHTE FÜR KINDER; DIE ZEIGT; DASS SEIN MANCHMAL MEHR BEWIRKEN KANN ALS TUN.

KÜRBIS KÜRBIS IST EINE GESCHICHTE; DIE HERZEN ERWÄRMT. AUCH DEINES. BEGLEITE NUK UND MO BEI IHREN ABENTEUERN RUND UM IHR KÜRBISHAUS.

HINTER EINEM ALTEN ZAUN

IN EINEM GOLDGELBEN KÜRBIS

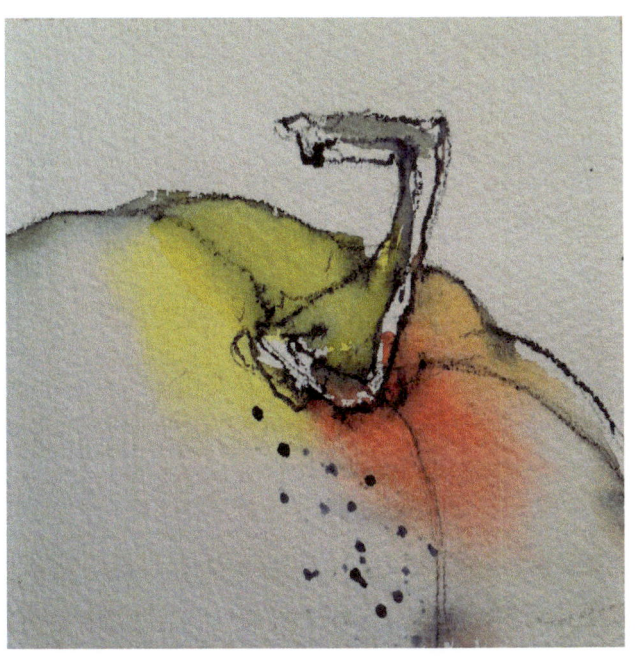

WOHNTEN EINMAL NUK

UND MO

UND FREUTEN SICH DES LEBENS.

SIE WAREN VON HERZEN FROH.

WENN DIE SONNE SCHIEN,

PURZELTEN SIE DURCH GRÄSER UND BLUMENDUFT,

SANGEN UND LACHTEN: „DER SOMMER IST SCHÖN."

ALS DER HERBST KAM UND ES KÜHL WURDE,

BESCHLOSS MO, HOLZ ZU HOLEN IM WALD.

BIS DER HOLZSTAPEL GRÖSSER WAR ALS DAS KÜRBISHAUS,
WAR MO DURCHGEFROREN.

„RASCH INS BETT MIT DIR", RIEF NUK BESORGT

UND WICKELTE MO IN DICKE DECKEN.

DOCH DAS HALF WENIG: MO SCHLOTTERTE ARG UND BAT:
„BRINGE MIR EINE BETTFLASCHE."

DOCH DIE BETTFLASCHE HALF WENIG. MO SCHLOTTERTE
ARG UND BAT:"BRINGE MIR TEE."

DOCH DER TEE HALF WENIG. MO SCHLOTTERTE ARG UND BAT. „BRINGE MIR MEINE SOCKEN."

DOCH DIE SOCKEN HALFEN WENIG. MO SCHLOTTERTE ARG UND BAT: „MACHE EIN FEUER IM KAMIN."

DOCH DAS FEUER HALF WENIG. MO SCHLOTTERTE ARG
UND BAT: „KOCHE MIR EINE SUPPE."

DOCH DIE SUPPE HALF WENIG. MO SCHLOTTERTE ARG.
NUK ABER SPRACH: „SO OFT BIN ICH FÜR DICH GERANNT.

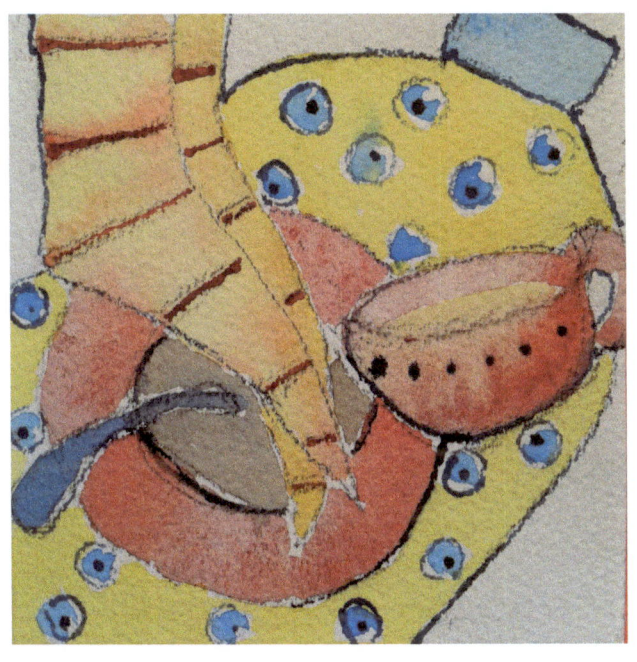

NUN BIN ICH MÜDE UND WILL INS BETT SCHLÜPFEN."

UND ENDLICH SCHLOTTERTE MO NICHT MEHR.

KUSCHELIG UND GEBORGEN SCHLIEFEN BEIDE UND
TRÄUMTEN VOM NÄCHSTEN FRÜHLING.

ÜBER DIE AUTORIN UND ILLUSTRATORIN

Noa Straumann ist diplomierte Pädagogin, Feng Shui Beraterin, Emotrance Master Practitioner, Hypnose-Coach und Access Bars Practitioner, zudem ausgebildet in Schamanismus, Energetischen Heilweisen und Chirologie. Sie tanzt, malt und schreibt gerne.
Noa Straumann inspiriert in ihrem "Atelier für Leichtigkeit" Menschen, ihren eigenen Wurzeln und Flügeln wieder zu vertrauen.

www.noa.io

Weitere Publikationen von Noa Straumann:

- Kidz & Quanten
- Der Mobilée-Effekt